Grundschule Bayern

Tobi-Fibel 1

Ein Leselehrgang

von

Wilfried Metze

und

Gabriele Schlund, Buchloe

Dagmar Sedlmeyer, Buchloe

illustriert von

Petra Probst

unter Beratung von

Irmgard Edelmann, Neunkirchen a. Br.

Hermine Freystätter, Gilching

Christiane Hartwig, Simbach/Inn

Maria Karg-Pirzer, Schwandorf

Hildegard Rottenegger, Geltendorf

Matthias Schuhmann, Iphofen

Sabine Werzinger, Kiefersfelden

Hannelore Zenk, Neunkirchen a. Br.

Cornelsen

O o
O o

Leo
Ole
L l e

Aaa
Ole
A a

Leo
Ela
Alo
E e

Mama
Papa

M m

Ela Alo
Oma
Opa
P p

Alle malen Namen:
Papa, Oma, Opa, Leo,
Mama, Ela, Alo, Ole.
Malen alle ?

N n

Alo malt Tante Lotte.
Ela malt Tante Tea.
Toll Alo, toll Ela!
Malt Opa Tannen?

Ratet mal:
Lernt Mama ?

Armer Papa ?

R r

Alo nimmt Ela mit.
Ole rennt immer mit.

Alle rennen los.
Alo ist als Erster im Sattel.
Er ist im Sattel mit Oma,
Papa, Opa, Mama.

Alle wollen
ins Tal.

Wo ist Ela ?
Was ist mit Ela los ?
Was will Leo mit Ole ?

Ela reitet ins Tal.
Es ist eine tolle Reise
mit einer Tanne.
Ela ist eine prima Reiterin!

Ei ei

Dann ist Ela im Tal.
Wo ist denn Mama?
Wo ist der Papa?
Wo sind alle anderen?
Ela ist allein.
Da rennt Ela los.

Ein Hase hoppelt
hinter Ela her.
Ela rennt weiter.
Halt! Warte, Ela!
Dort hinten im Wald ist etwas.
Was ist es?

Ein Wolf will den
armen Hasen fressen.
Der Hase ist in Not:
Hilfe, hilf mir Ela!

Ela rettet den Hasen mit der Wolle.
Der Hase hilft. Ela hat den Faden
fest in der Hand.

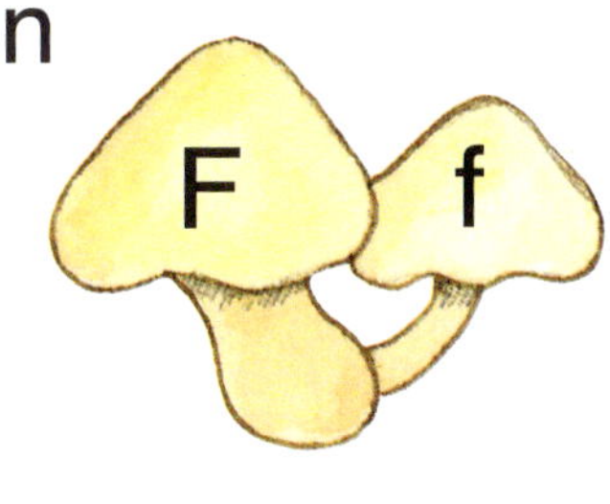

Tief hinten im Wald
flattert etwas Seltsames.
Ist das ein Tier
oder eine Elfe
hinter den Tannen?
Ela will es wissen.
Sie rennt hin.

So ein Pech!
Was soll Ela machen?
Die alten Tannen
sind fest wie Felsen.

Doch der Hase
hat eine Idee.

ch

Der Hase holt einen Biber,
der im nahen Bach lebt.
Der Biber frisst erst die Rinde ab.
Bald bricht die Tanne.

Ela ist frei. Sie lacht:
Bis bald, lieber Biber!

Ela sucht die Tobis.
Sie ruft nach Mama und Papa.
Der alte Uhu will seine Ruhe.
Mit einem Mal sind der Rabe
und Ole da. Sie haben
eine Nachricht an Ela dabei.
Ela ruft: *Huhu, ich bin hier oben!*

Die Tobis kommen an einen See.
Dort warten sie.
Leo und Ole sind nicht da.
Sie suchen Ela.

Papa kocht Kaffee. Opa sammelt
Beeren. Das ist Mamas Nase
und keine kleine Himbeere!
Wo hat Opa nur wieder
seine Brille?

Alle warten auf Ela.
Was macht Papa denn da?
Und was holt Opa aus dem Korb?
Wenn das nur Oma nicht sieht!
Alo arbeitet ohne Pause.
Auf dem Boot hat Mama
ihre Ruhe.

Aha! Alo, Papa und Opa wollen fischen. Papa will mit seinem Schirm wohl einen Riesenfisch bekommen.

Was hat Alo denn da?
Das ist aber ein
komischer Fisch …

 Sch sch

Das mag Mama gern:
im Boot liegen und ein gutes Buch lesen.
Sie liest eine Grusel-Geschichte.
In der Geschichte gibt es
schaurige Geister …
Das Boot gleitet ruhig dahin.
Mama, dein Schal ist im Wasser!

G g

Der Schal wird auf einmal ziemlich schwer. Alle fassen mit an und ziehen zusammen. Zwischen den Maschen zappelt ein fetter Hecht.
Wozu so ein Schal gut sein kann!
Das Abendessen ist gerettet.

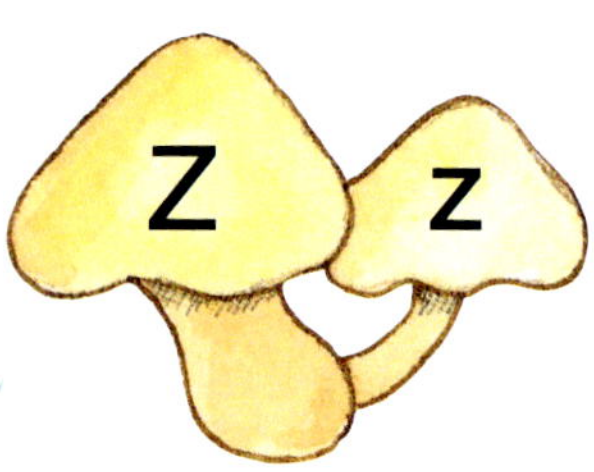

Es wird dunkel. Dicke Wolken
ziehen auf. Die Tobis machen
sich Sorgen um Ela.
Wo sie nur bleibt? Opa blickt
zum Himmel. Er sagt: *Wir wollen
sie suchen. Es wird ein schreckliches
Gewitter geben.*

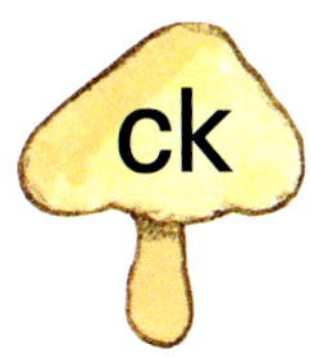

Im finsteren Wald
bekommen die Tobis Angst.
Steht da nicht ein Riese?
Nein, es ist nur der Stamm
einer alten Eiche.
Der Sturm tobt heftig.
Aus der Dunkelheit
dringen Stimmen.

Der Sturm heult. Ein greller
Blitz leuchtet auf. Es donnert.
Die Tobis erstarren.
Sie sehen einen Geist.
Alo sucht Schutz
bei Mama.

Eine Eule fliegt auf.
Da bewegt sich der Geist.
Er kommt auf sie zu.

Alo lacht. Es ist kein Gespenst!
Mit einem Sprung steht Alo bei Ela.
Er zieht ihr das Tuch herunter.
Sie liegen sich in den Armen.
Ole springt an Alo hoch.
Er leckt ihm das Gesicht
und will spielen.

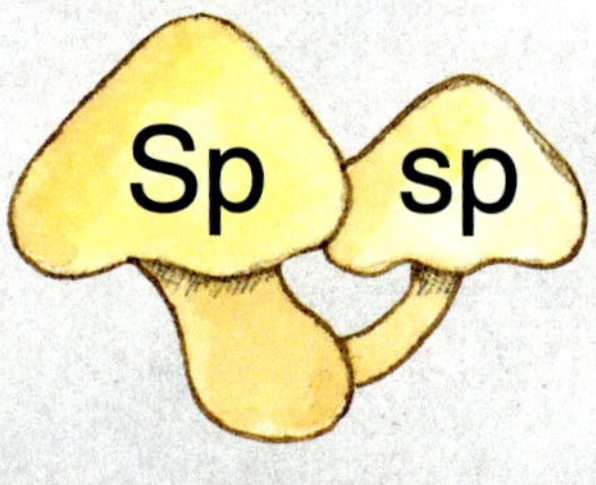

Jubelnd tanzen die Tobis
um Ela herum.
Jetzt sind sie wieder froh.
Endlich haben sie
sich gefunden.

Mit lautem Gejohle zieht die Familie
wieder zum Lager am See.
Alles dreht sich um Ela.

Glücklich stapfen die Tobis durch den Wald zurück.
Für Ela ist das Abenteuer jetzt zu Ende.

Ole will über eine Pfütze hüpfen. Doch er springt nicht weit genug und landet mitten im Wasser.
Als er sich schüttelt, wird Papa wütend.

Über dem Hügel flattert Leo.
Er ist aufgeregt.

Ü ü Pf pf

Leo hat seinen Freund
Conni entdeckt. Der Rabe hat
einen Brief für die Tobis dabei.
Cousin Marco schreibt:

Liebe Tobis!
Wenn ihr zum Fest kommt,
bringt mir bitte ein Glas mit Omas
leckerer Pilz-Creme mit!
Bis bald, euer Marco

Dieser alberne Clown …,
schmunzelt Oma.
Was schreibt sie ihm?

Endlich sind die Tobis am Zelt.
Opa zündet ein Feuer an.
Oma streicht Öl auf den Fisch.
Sie möchte ihn braten.
Ole döst am Feuer.

Papa will mehr Holz auflegen. Doch es ist zu nass. So ein Ärger!
Endlich aber brennt das Feuer kräftig. Sie hängen die nassen Sachen auf. Ela erzählt ihre Abenteuer. Alle lauschen gespannt. Keiner bemerkt die drohende Gefahr.

Ein riesiger Bär nähert sich dem Feuer. Der Hase hat ihn neben den Ästen entdeckt. Gebt Acht, ihr Tobis, sonst ist es um euch geschehen!

Ela hat Hunger. Ihr Magen knurrt. Papa schaut nach dem Hecht. Erst jetzt entdecken die Tobis den Dieb.

Da läuft der Räuber. Er hat sich Mamas Hecht geholt. Und die Tobis haben nichts bemerkt.

Oma weiß Rat.
Zum Glück gibt es ihre Pilze.
Sie kochen daraus eine
leckere, heiße Suppe.

Der große Tag geht zu Ende.
Die Tobis werden müde.
Sie kuscheln sich aneinander
und schlafen zufrieden ein.
Träumt süß, liebe Tobis!

Die Frösche quaken laut
im Schilf. Opa wird wach.
Es wird schon langsam hell.
Nebel steigt auf.
Wie wunderschön ist doch
die Heimat der Tobis!
Opa geht quer über die Wiese
zum See. Er nimmt seine Gitarre
aus dem Rucksack. Leise singt
und spielt Opa ein Lied:

Dort, wo die Nebel aus dem
Wasser steigen,
wo in der Dämmerung sich Feen
und Elfen zeigen,
wo klares Wasser aus den
Quellen springt,
der Tobi-Opa zur Gitarre singt.

Viele, viele
weitere Verse
singt der alte Tobi.
Die Vögel begleiten ihn
mit fröhlichem Gesang.

Bald ist die schöne Sommernacht
vorbei. Einer nach dem anderen
wird wach.

Schnell ist alles gepackt.
Die Reise zum großen Fest
der Kobolde kann weitergehen.
Doch wie soll man bloß über
den See kommen? Das Boot
ist viel zu klein für alle.

Alo hat eine Idee: *Wir bauen
ein Floß!* Doch mit einer Axt
allein dauert das viel zu lange.
Zum Glück leben im See Biber.
Sie fällen Baum um Baum.
Die Bäume werden zersägt.
Mama und Oma nehmen
die Pilzschnur. Sie binden damit
die Stämme zusammen.
Zwei Mäuse helfen mit.
Ela gibt ihnen Namen:
Xandi und Maxi.

Nach ein paar Stunden liegt
das Floß fix und fertig
am Ufer.

Die Reise geht quer über den See
und dann den Fluss hinunter.

Alo steuert das Floß. Die Tobis
fahren zum Fest. Dort treffen sie
alle Freunde wieder.
Ela freut sich besonders auf Yvonne.
Sie bringt sicher ihr Pony mit.
Alo träumt von dem leckeren Essen.
Opa hat sich schon fein gemacht.
Er trägt seinen Zylinder.

Bald verschwindet das Floß
in der Ferne.

Auf Wiedersehen, ihr Tobis.
Lebt wohl.

September

Im Herbst müssen die Tobis hart arbeiten.
Alle helfen bei der Ernte.
Auch im Winter soll es Äpfel
und Birnen geben.
Mama und Opa graben Kartoffeln aus.
Die Tobis essen gern Kartoffeln.
Nur einem gefällt es nicht, dass Mama
und Opa in der Erde graben …

Oktober

Alo will den Tobis einen Streich spielen.
Er höhlt einen Kürbis aus und schneidet
Augen, Nase und Mund hinein. Dann setzt Alo
den Kürbis auf und schleicht zu den anderen.
Auf einmal sieht er nur noch Flammen.
Hilfe, es brennt!, schreit Alo.
Aber die anderen Tobis lachen nur.
Von dem Lärm wird der Maulwurf geweckt.
Was hat er nur mit dem Wasser vor?

November

Es ist kalt und stürmisch. Die Tobis haben sich in ihre Höhle verkrochen.

Der Maulwurf hat sich zum Winterschlaf hingelegt.

Er träumt – vom Sommer. Er träumt von Sonnenstrahlen, die seine Nase kitzeln.

Und von einem dicken,

fetten Regenwurm.

Mmm!

Tobi-Mama liest.

Auf einmal ruft sie:

Seht mal, was ich entdeckt habe!

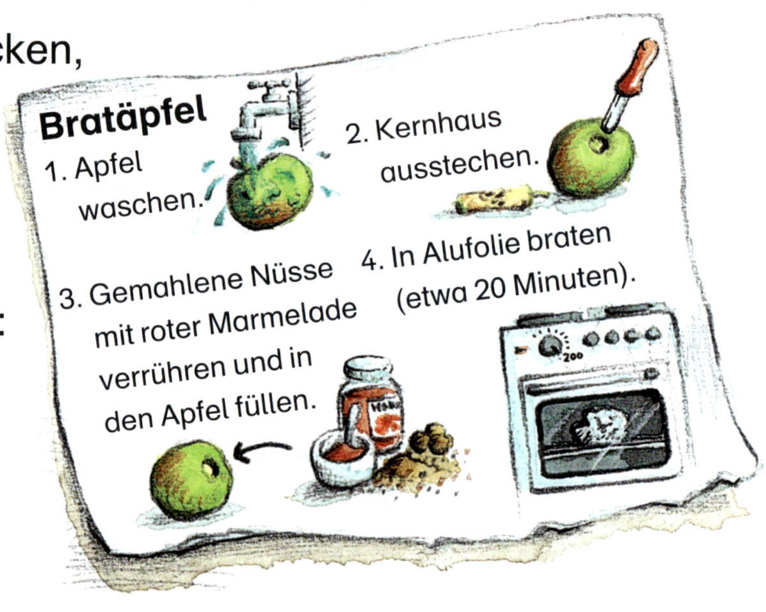

Dezember

Fröhliche Weihnachten

Feliz Navidad
Spanien

Veselé Vánoce
Tschechien

God Jul
Schweden

Buon Natale
Italien

Joyeux Noël
Frankreich

Merry Christmas
England

Die drei Spatzen

In einem leeren Haselstrauch,
da sitzen drei Spatzen, Bauch an Bauch.
Der Erich rechts und links der Franz
und mittendrin der freche Hans.
Sie haben die Augen zu, ganz zu,
und oben drüber da schneit es, hu!
Sie rücken zusammen dicht an dicht.
So warm wie der Hans hat's niemand nicht.
Sie hören alle drei ihrer Herzlein Gepoch.
Und wenn sie nicht weg sind, so sitzen sie noch.

 Christian Morgenstern

Februar

Bumm, bummbumm, bumm!
Der Maulwurf wacht auf.
Ein Erdbeben, denkt er.
Er springt aus seinem Blätterbett.
Am Eingang findet er einen Brief.
Die Tobis laden ihn zu einer Feier ein.
Sofort rennt der Maulwurf los.
Aber warum sehen die Tobis so verändert aus?
Der Maulwurf liest die Einladung noch einmal.
Was steht wohl alles darin?
Was hat er übersehen?

März

Endlich ist Frühling.
Es wird warm.
Am Morgen räumen die Tobis auf
und putzen die Höhle.
Am Vormittag waschen sie ihre Wäsche.
Am Mittag machen die Tobis eine Pause.
Am Nachmittag ist die Wäsche trocken.
Am Abend sind alle müde von der Arbeit.
In dieser Nacht schlafen sie tief und fest.

April

Bald ist Ostern.
Ela und Alo bemalen Eier.
Sie bereiten noch eine Überraschung
für die Tobi-Familie vor.

Du kannst auch so schöne Blumen basteln.

Du brauchst: eine Schere, farbiges Papier und einen Bleistift.

Halbiere ein DIN-A4-Blatt.	Falte eine Ziehharmonika.	Male eine Tulpe darauf.	Schneide die Tulpe aus.	Falte die Tulpen auseinander.

Mai

Jetzt müssen die Tobis an ihren Garten denken.
Alle arbeiten fleißig.
Ela und Alo sind als Erste fertig.
Oma gibt ihnen eine Tüte mit Samen.
Toll, das ist Kresse, die mag ich gern!, ruft Ela.
Oma erklärt: *Der Samen darf erst*
nach den Eisheiligen in die Erde.
Sonst erfrieren die zarten Pflänzchen.
Da hat Alo
eine Idee:

Juni

Wer hat da umgerührt?

Papa und Ela, Mama und Alo spielen im Wasser.
Wer fällt zuerst hinein?
Papa ruft: *Auf die Plätze, fer…*
Schon schubst Alo Ela ins Wasser.
Gewonnen!, jubelt er.
Du Dummkopf!, prustet Ela.
Mit dir spiel ich nie wieder!
Wütend spritzt sie Alo nass.

Alo überlegt. Was soll er tun?

August

Für ein Spiel sammeln Ela und Alo viele Dinge:
Steine, Blätter, Fichtenzapfen, Baumrinde,
ein Schneckenhaus, Moos, Federn, Kornähren …
Dann legen sie alles in eine Kiste.
Ela breitet ihre Decke darüber.
Papa greift in die Kiste.
Er muss raten, was er fühlt.
Dann ist Mama dran.

So ein Spiel könnt ihr in der Klasse auch
herstellen.

Grundschule Bayern

Tobi-Fibel 1

Ein Leselehrgang von Wilfried Metze
Gabriele Schlund
Dagmar Sedlmeyer

Redaktion: Imke Pelz
Illustration und Gestaltung: Petra Probst,
Christian Zimmer (Vignetten S. 46, 48, 49, 51, 52, 53, 55),
Gabriele Heinisch (Vignetten S. 47, 51, 53)
Technische Umsetzung: Manuela Tanner, Katharina Wolff
Textquelle: S. 48 Christian Morgenstern: *Die drei Spatzen.* Aus:
Und mittendrin der freche Hans, hrsg. von G. Sennlaub,
Cornelsen, Berlin 1986.

Seite	Eingeführte Buchstaben
2	O o
3	L l, e
4	A a
5	E
6	M m
7	P p
8	N n
9	T t
10	R r
11	I i
12	S s
13	W w
14	Ei ei
15	D d

Seite	Eingeführte Buchstaben
16	H h
17	F f
18	ie
19	ch
20	B b
21	U u
22	K k
23	Au au, -h
24	Sch sch
25	G g
26	Z z
27	ck
28	ng, St st
29	Eu eu, tz

Seite	Eingeführte Buchstaben
30	Sp sp
31	J j
32	Ü ü, Pf pf
33	C c
34	Ö ö
35	Ä ä
36	Äu äu
37	ß
38	Qu qu
39	V v
41	X x
42	Y y

www.cornelsen.de

1. Auflage, 4. Druck 2012

Alle Drucke dieser Auflage sind inhaltlich unverändert
und können im Unterricht nebeneinander verwendet werden.

Druck: Stürtz GmbH, Würzburg

ISBN 978-3-464-62222-3

Inhalt gedruckt auf säurefreiem Papier aus nachhaltiger Forstwirtschaft.